des pas Papous. Che[...]Papous,

ous pas papas et des pas Papous

Chez les Papous il y a des poux. I[l]

les Papous papas pas à poux, des

us pas papas pas à poux, des pas

papas pas à poux, des pas Papous

s papas pas à poux. Chez les poux,

as papas. Il y a donc des Papous

as à poux pas papas, des Papous

papas pas à poux pas papas, des

es Papous pas papas à poux pas

oux papas, des Papous pas papas

us papas à poux papas, des pas

es pas Papous papas pas à poux

poux pas papas, des pas Papous

ous pas papas à poux pas papas,

as, des pas Papous pas papas pas

y a des Papous et des pas Papous.

as et des Papous pas papas et des

as papas. Chez les Papous il y a

s à poux, des Papous papas pas à

les Papous pas papas pas à poux,

as Papous papas pas à poux, des

as Papous pas papas pas à poux.

t des poux pas papas. Il y a donc

Papous papas à poux pas papas,

DIX DODUS DINDONS

textes réunis par
Jean-Hugues Malineau
illustrés par
pef

mise en couleurs de
Geneviève ferrier
mise en pages de
Christian laucou

ALBIN MICHEL JEUNESSE

© 1997, Albin Michel Jeunesse
22, rue Huyghens 75014 Paris
Dépôt légal : 1er semestre 2002
N° d'édition 12 615/7
ISBN 2-226-08996-9

Impression et reliure :
Pollina s.a., 85400 Luçon - n° 85869-B

Le trésor des virelangues françaises

Nul dictionnaire, à ma connaissance, en 1997, ne mentionne le terme de virelangue, pour désigner ce que les comédiens appellent délicieusement : « formulettes de volubilité ». Il s'agit cependant d'un terme fréquemment employé dans les écoles de France et de Wallonie. Il désigne toutes les petites formulettes ludiques, à prononcer le plus rapidement possible afin de faire fourcher la langue de celui qui prononce ou afin de tromper l'oreille de celui qui écoute.

Si je milite pour l'introduction de ce terme dans nos dictionnaires c'est que les virelangues, qui font partie de notre patrimoine littéraire, au même titre que nos comptines populaires, suscitent une véritable jubilation chez tous les enfants. Elles m'ont donné à jamais le goût de jouer avec le bruit des mots grâce à une arrière grand-mère qui répétait inlassablement à ma demande le célèbre : « ton thé a-t-il ôté ta toux ? » ainsi que les imprononçables : « un chasseur sachant chasser... » ou « les chaussettes de l'archiduchesse... ».

Je suis certain qu'elles peuvent en tout cas permettre un contrepoids ludique au difficile apprentissage de la lecture, qu'elles peuvent parfois réconcilier l'enfant rebelle avec l'écriture, lui apprendre à articuler en jouant. Elles amusent autant le locuteur qui cherche à dire le plus vite possible que l'auditeur qui tente de déchiffrer cet étrange charabia.

A une époque où les enfants n'ont pas toujours la chance d'avoir des grands-parents susceptibles de transmettre ces petits trésors d'ingéniosité verbale, cocasses, parfois coquins, je me suis fait un plaisir d'en choisir une centaine pour eux parmi tous ceux que j'ai répertoriés et collectionnés depuis ma propre enfance. Puis j'ai tenté de classer ces formulettes en quatre catégories, en tenant compte des mécanismes verbaux et sonores qu'elles mettent en œuvre.

La première partie regroupe des virelangues qui jouent systématiquement sur la répétition d'une seule consonne. La deuxième partie réunit une suite de formulettes qui sont destinées à tromper l'oreille de l'auditeur en donnant l'impression que le locuteur dit n'importe quoi ou qu'il parle une langue étrangère ou incompréhensible (italien, anglais, allemand, latin, javanais...). La troisième partie (la plus pratiquée par les comédiens) rassemble des virelangues qui cherchent au contraire à mettre le locuteur en difficulté en tricotant des mots composés de sons voisins ; non seulement ces formulettes sont à dire le plus vite possible comme les précédentes, mais elles sont aussi parfois à répéter jusqu'à l'erreur. Enfin la quatrième et dernière partie propose quelques exemples d'historiettes parfois coquines, un peu plus longues, dans le même esprit que les précédentes ; elles sont souvent répertoriées dans les exercices d'acteur.

Je souhaite que cette anthologie amusante puisse contribuer à la renaissance de la virelangue dans nos cours d'école – c'est indéniablement une première approche de la poésie – et j'ose espérer qu'elle donne à de nombreux enfants le désir d'inventer à leur tour de semblables formulettes. On peut par exemple, pour ce faire, partir de son propre prénom, ou de son nom, ou de celui de la ville que l'on habite (si ceux-ci comportent au moins deux consonnes et deux voyelles). On établit ensuite une liste de tous les noms, verbes (conjugués ou non), adjectifs... qu'il est possible de trouver en combinant dans tous les sens les sons (voyelles, consonnes), contenus dans le mot de départ (l'orthographe n'importe pas, seule la sonorité est importante ici) ; puis on tente d'inventer une petite phrase avec quelques-uns des termes trouvés.

Plus simplement pour les plus jeunes, on peut s'amuser à établir une liste de mots où l'on entend, seule ou répétée, la même consonne ou la même voyelle (voir notre première partie) et créer une petite phrase syntaxiquement correcte qui regroupe quelques-uns des mots trouvés.

Qu'il s'agisse de créer ou plus simplement de prononcer des virelangues, ces jeux de sociétés divertissent aussi bien l'adulte que l'enfant, l'élève que l'enseignant, le locuteur que l'auditeur ; bon amusement à tous et à chacun.

Jean-Hugues Malineau

répétitions de sons

Bill boit bière au bar barbe en bock.

Didon dîna dit-on de dix dos dodus de dix dodus dindons.

Le frêne au feu-follet Fifine fière lui fait face ; sur un fût son frère défunt effile la faux d'un farfadet.

Le geai gélatineux geignait dans le jasmin.

Quat' coquets coqs croquaient quat' croquantes coquilles.

**Que lit Lili sous ces lilas-là?
Lili lit l'Iliade.**

**Aimé, l'amant de maman
au mari nie d'être aimé de maman
mais Aimé ment!**

La pie pond sans piper
pompeux le paon papote.

Pauvre petit paquet postal perdu
pas parti pour Papeete.

La roue roulait,
le goret regardait.
La roue en roulant
faisait rire le goret.

Ces six cyprès sont si près
qu'on ne sait si c'en sont.

Si six sangsues sont
sans sucer son sang
ces six sangsues sont

Si six scies scient six cyprès
six cent six scies scient
six cent six cyprès.

Si sur six chaises sont assis six frères,
sur six cent six chaises
sont assis six cent six frères.

Six cent six Suisses
sucent six cent six saucisses
dont six en sauce
et six cents sans sauce.[1,2]

son sein

ns succès.

1. - Variante :
Six cent six Suisses
suçaient sans cesse
et sans souci six cent six saucissons
sans sauce.

2. - Variante :
Six cent soixante-six Suissesses
sciaient sans cesse
près du Mississippi.

Six souris sans lit
sourient sans souci
de six chats.

– Combien sont ces six saucissons-ci ?
– Ces six saucissons-ci sont six sous.

Ton tas de riz
tenta le rat.
Le rat tenté
le riz tâta.[3]

Ton thé a-t-il ôté ta toux ?

As-tu tata ton tutu tout en tulle ?[4]

**Trois tortues trottaient
sur trois étroits toits.**

3. - Variante :
Tas de riz tas de rats
Tas de riz tentant
Tas de rats tentés
Tas de riz tentant
Tenta tas de rats tentés
Tas de rats tentés
Tâta tas de riz tentant.

4. - On peut rajouter :
T'es pas petit rat tata
ta nièce l'est.

**Le fisc fixe exprès chaque taxe fixe
excessive
exclusivement au luxe et à l'exquis.**

trompe-oreilles

on fait semblant de parler une autre langue

Six mules ont bu là?
Oui, six mules ont bu là!

Qu'a bu l'âne au lac?
L'âne au lac a bu l'eau.

Pie niche haut
Oie niche bas
Où niche hibou?
Hibou niche ni haut ni bas
Hibou niche pas.

Pie a haut nid
Caille a bas nid.
Haut pie pond-elle?
Oui haut pie pond.
Bas caille pond-elle?
Oui bas caille pond.
Caille pond bas
Pie pond haut.

Bas caille pond-elle?
Oui bas caille pond.
Caille pond bas
Pie pond haut.

Pie a haut nid
Vache a pas nid
Rate en a
Taupe aussi
Qu'a l'homme?

Pie niche-t-elle haut?
Caille niche-t-elle bas?
Rat bâtit-il trou?
Pie niche haut!
Caille niche bas!
Rat bâtit trou.

Haut
nid
pie
a.
Bas
nid
caille
a.
En
mare
cane
est.

Mare y a
Cane y but
Pie n'osa
Chat rit d'elle.

Haut pie pond
bas caille pond
entre deux pierres passe pont.

Au bout du pont
la cane y couve.
Auprès du pont
la poule y pond.

Tes laitues naissent-elles?
Yes mes laitues naissent.
Si tes laitues naissent
mes laitues naîtront.

Tes guêtres[5] sèchent-elles?
Ya mes guêtres sèchent.

Ot' tes guêtres[6] Berthe
que j'tâte!

L'habit s'coud-il?
Le grain se moud-il?
L'habit s'coud, le grain s'moud.

5. - Prononcer : «guête».
6. - Idem.

La cavale au valac
avala l'eau du lac.
L'eau du lac lava
la cavale au valac.

Chat vit rôt
Chat mit patte à rôt
Rôt brûla chat
Chat lâcha rôt.[7, 8]

Ane a os
Coq a os
Taupe en a
Pie aussi.

7. - Variante :
Chat vit rôt
Rôt tenta chat
Chat mit patte à rôt
Rôt brûla patte à chat.
ou :
Rôt grilla patte à chat.

8. - Variante :
Rat vit rôt
Rôt tenta rat
Rat mit patte à rôt
Rôt brûla patte à rat
Rat souffla patte
et quitta rôt.

A-t-il tête et bec
et patte et queue ?

Ver n'a os
Rat a patte et os.

Ver n'a os
Coq en a
Taupe aussi.

**Rémy porc tua
sel n'y mit.
Vers s'y mirent.
Porc gâta
tort il a.**

**Ane et ver et taupe
et coq et oie ont-ils os ?**

*Ane a os.
Ver, non.*

Taupe et coq et oie, si !

**Latte ôtée
trou y a.
Latte remise
trou y'a pu.**

**Latte ôtée
trou s'y fit.
Rat s'y mit
chat l'y prit.**

**Mur usé
trou s'y fait
rat s'y met.**

Rat a-t-y z'ailes ?
Beurre a-t-y z'os ?
Porc a-t-y z'œufs ?

Un homme debout lit.
Une femme assise coud.
Un enfant assis joue.

A-t-il Anatole alité la tonalité ?

Rata, passa, cassa
six verres, six tasses.

Gare au garou gars
le leu loupe le pas.

Ton mouton boucle tout à coup
et ton bouc tombe à Tombouctou.

Langue n'a pas d'os.
Bien dire fait rire.
Bien faire fait taire.

Y'a ma moto qu'a des ratés.

Angèle et Gilles
en gilet gèlent.

Vincent mit l'âne
dans un pré
et s'en vint dans l'autre.
Combien y a-t-il
de queues
et combien d'oreilles?

A Saint-Fiacre, il y a trois clochers
et deux sans cloche.
Combien y a-t-il
de cloches par clocher?

à dire plusieurs fois

**le plus vite possible pour
faire fourcher la langue**

**Trente-trois gros crapauds gris
dans trente-trois gros trous creux.**

Une bonne grosse grasse mère aux beaux gros bras blancs croque les gros ronds radis roses !

*Les archers acariâtres
de l'archevêque d'Arques
accrochaient leurs arcs d'acacia
aux crochets des créneaux creux.*

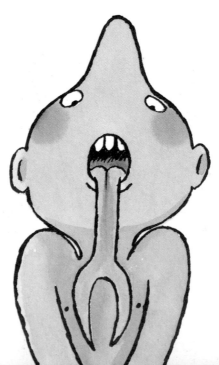

**Si tu m'eusses cru,
tu te fusses tu.
Te fusses-tu tu,
tu m'eusses plus cru !**

Je veux et j'exige
d'exquises excuses.

*Un pêcheur a pêché sous un pêcher.
Le pêcher empêchait le pêcheur de pêcher !*

Suis-je chez ce cher Serge ?

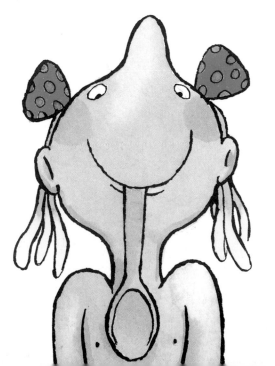

**Un chasseur
sachant chasser
sans son chien
est un bon chasseur.**

**Six souris
sous six lys
sourient sans souci
de six chats.**

Josette sans souci
chaussa ses chaussures
sur son sofa soyeux.

Plie la nappe.
Prépare la faux.
Enfile l'aiguille.

**Treize juges ont mangé
le foie d'un pendu.**

Je vais à Blaye
baigner mon canard.
Je reviens de Blaye
mon canard baigné.

Je vais au four.
Je vais au champ de fèves.

Panier - piano.

**La
grosse
cloche
sonne.**

**Pruneau cru
Pruneau cuit**

**Ton tatou tatoué
a tué ton toutou.**

**Six slips chics
Six slips chics...**

Une **quenouille**
bien **enquenouillée**
avec ses cinq cents
petits **quenouillons,**
quenouillons !

Souche de sureau
lien de sac
gloussement de poule couveuse
noyau de pêche.

Chose aisée :
six chats chauves
assis sur six souches
de sauge sèche.

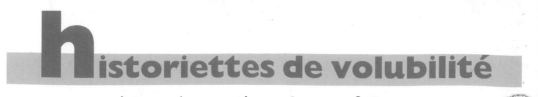

historiettes de volubilité

jeux et exercices de comédiens

Quand un cordier cordant veut accorder sa c
pour sa corde accorder trois cordons il acc
mais si les cordons cordants de la corde décor
le cordon décordant fait décorder la c

Un ange qui songeait à changer de visage
loin de louanger ce changement il jugea q
ange ainsi changé ne rechangerait jamai

Un petit pisseur pissait d
Le tapisseur lui dit : «Petit piss
porte du tapisseur?» Le petit
pisse du petit pisseur est bien r

Dans
l'quartier d'la gare
du Nord, tout l'monde
connaît Totor. Ce gars-là fait
un métier très particulier. Il passe
les rails du chemin d'fer tous les
dimanches au papier d'verre. Mais
comme c'n'est pas un feignant, tout
l'monde chante en le plaignant :
« Totor t'as tort, tu t'uses et tu te
tues, pourquoi t'entêtes-tu ?
En t'entêtant, t'entends,
Totor, tu te tues et
t'as   tort. »

ur donner le change se vit si changé que
ous les autres anges jureraient que jamais
jamais plus ange ne songea à se changer.

nt   la   porte
du   tapisseur.
, pourquoi pisses-tu devant la
seur répondit : « C'est que la
leure que celle du tapisseur. »

– Oh! roi Paragaramus, quand vous désoriginaliserez-vous?

– Moi, roi Paragaramus, je me désoriginaliserai quand le plus original des originaux se désoriginalisera.

Recette

Pour faire une bonne choucroute il faut se procurer : six saucissons secs sans sel sous sachet, six saucisses sèches sous sachet, six choux suisses hachés sans sachet.

Nous partîmes six pour Sceaux, nous arrivâmes à Sceaux six, nous demandâmes qu'on nous serve là six saucissons.

Natacha

n'attacha pas son chat Pacha qui s'échappa. Cela fâcha Sacha qui chassa Natacha.

Si mon tonton tond ton tonton, ton tonton tondu sera.

BEURREPOTDEBEURREPOTDEBE
URREPOTDEBEURREPOTDEBE

— Petit pot de beurre, quand te dépetipodebeurreriseras-tu ?
— Je me dépetipodebeurreriserai quand tous les petits pots de beurre se dépetipodebeurreriseront.

Dis-moi gros gras grand grain d'orge quand te dégrogragrangraindorgeras-tu ? Je me dégrogragrangraindorgerai quand tous les gros gras grands grains d'orge se seront dégrogragrangraindorgés.

Trois tortues trottaient sur trois étroits toits ; trottant sur trois étroits toits, trottaient trois tortues trottant.

— Mon cher enfant décontredécadécoureille-moi cette porte !

— Comment veux-tu que je te la décontredécadécoureille, mon grand-père, avec son grand décontredécadécoureilleur, n'a jamais pu la décontre-décadécoureiller !

Madame **Coutufon** dit à madame **Foncoutu** :
— Combien y a-t-il de **Foncoutu** à **Coutufon** ?
Madame **Foncoutu** lui répondit :
— Il y a autant de **Foncoutu** à **Coutufon** que de **Coutufon** à **Foncoutu**.

Cinq capucins sains de corps et d'esprit, ceints d'une ceinture, portaient sur leur sein le seing du Saint-Père.

Un jour Kiki la cocotte demande à Coco le concasseur de cacao de lui offrir un caraco kaki avec un col de caracul.
Coco le concasseur de cacao voulut bien offrir à Kiki la cocotte le caraco kaki mais sans col de caracul !
Or vint un coquin dont les quinquets conquirent le cœur de Kiki la cocotte. Il offrit à Kiki la cocotte le caraco kaki avec le col de caracul !
Conclusion : Coco le concasseur de cacao fut cocu !

Six chats sis sur six murs pistent
six souris qui sous six lits sourient
sans souci des six chats qui les pistent.

quand tout est éteint
tonton tâte à tâtons
les tétins de tata.

qu'est-ce qui cloche?
DINDONG!
t'esqui?
goret du Nord goret du Sud!
et pie et pie zut...!
est-elle chaise elle?
oui, je l'y ai vue!
tu dors, tordue?
Vache vole?
de fil en anguille...
tu vas où?
là où Loo pisse!
malpoli!
qui lit au lit?
Ne laissons pas Lucie faire!
Ane haut de Saturne!
langue vivante...
langue bien vivante!
au diable les langues mortes!
aux frangins les frangines!
aux anges les angines...
Non aux engins les engines...
Ma moto!
ça va barder
PUE
PUE
quelle confiture?
quel pur siphon?
aile et moi
oh... l'île deux seins!
complètement Sein-sein!
KENÉNÉ?